EXAMEN

DU

PROJET DE LOI

Sur le Fonds commun.

DISSERTATION

SUR

CES QUESTIONS,

1.º La loi du 27 Avril 1825 est-elle réellement injuste?

2.º A-t-elle déclaré tous les indemnisés créanciers de l'état et fixé leurs reprises à un milliard?

3.º Si le projet de loi passait, les 100 millions prélevés sur les indemnisés de la 2.ᵉ catégorie ne devraient-ils pas être remplacés par une somme égale, payable par les indemnisés de la 1.ʳᵉ catégorie, qui ont reçu 18 fois le revenu de 1790, sauf, s'ils ont des droits au fonds commun, à les faire valoir lors de la répartition des 100 millions?

CONTENANT en outre la démonstration que les indemnisés de la 2.ᵉ catégorie (pour le département des Côtes-du-Nord), n'ont reçu par la 1.ʳᵉ liquidation que 5 ou 6 fois le revenu de 1790, avec des observations sur la position des créanciers des indemnisés;

PAR M. J.-M. FLEURIOT,

AVOUÉ AU TRIBUNAL CIVIL DE SAINT-BRIEUC.

La confiscation est abolie et ne pourra plus être rétablie. (*Art. 57 de la Charte de 1830.*)

La dette publique est garantie. Toute espèce d'engagement pris par l'état avec les créanciers est inviolable. (*Art. 61 de la même Charte*).

Prix : 1 f. 50 c.

SAINT-BRIEUC,

DE L'IMPRIMERIE DE PRUD'HOMME. — 1831.

DISSERTATION

SUR

LE PROJET DE LOI

TENDANT À CHANGER LA DESTINATION DU FONDS COMMUN RÉSERVÉ AUX INDEMNITAIRES DE LA 2.ᵉ CATÉGORIE.

ON a proclamé cent fois à la tribune de la chambre des députés que la révolution de 1830 répudiait tous les excès de la première révolution ; on a répété cent fois que la charte nouvelle serait une *vérité*, et voilà qu'à peine quatre mois se sont écoulés depuis l'existence de cette charte, qu'on vient proposer aux chambres, au roi des Français, de revenir sur les dispositions de la loi du 27 Avril 1825, ratifiée par les articles 57 et 61 de la loi fondamentale, de la manière la plus expresse.

Il y a de quoi gémir de voir remettre ainsi en question, des droits reconnus par une loi, des droits acquis, des droits qu'on ne saurait fouler aux pieds, sans faire un essai du système odieux, mille fois odieux des confiscations ; système proscrit par la charte ancienne comme par la nouvelle, et qui, sur trente-deux millions de Français, compterait (grâce aux progrès de la morale autant que des lumières) un bien petit nombre de partisans ; système enfin jugé en dernier ressort par la haute probité qui a marqué les journées de Juillet.

*

Eh ! quel prétexte pourroit-on donner pour essayer de justifier une mesure réactionnaire et impolitique? La possibilité d'une guerre peut-être, mais on sait assez que les prétextes plus ou moins plausibles ne manquent jamais aux gouvernements. La guerre ! mais cette guerre, si elle avait lieu, ne serait-elle pas faite par les indemnitaires et leurs enfants, comme par les autres citoyens ? N'affronteraient-ils pas la mort pour combattre l'ennemi, comme tous les autres Français? Leur bravoure peut-elle être contestée ? Leur sang est-il moins précieux?..... Pourquoi donc traiterait-on les indemnisés, parce qu'ils furent, eux ou leurs pères, émigrés, condamnés, proscrits, malheureux, avec une sévérité que rien ne saurait justifier? Pourquoi punir les enfants des indemnisés et leurs *créanciers*, pour des antécédents (du domaine de l'histoire) qui ne sont pas les leurs, et dont ils ne doivent par conséquent porter aucune responsabilité? La guerre ! mais de tout temps la guerre a été faite aux dépens de la nation ; c'est le trésor de l'état qui doit en fournir les frais, et non une classe de citoyens sur laquelle on paraît vouloir prélever une espèce d'emprunt forcé.

Comment n'a-t-on pas craint de r'ouvrir des plaies qui commençaient à se fermer, en mutilant une loi qui pouvait être meilleure sans doute, moins onéreuse peut-être pour la nation, mais qu'on devait exécuter, puisqu'elle avait été sanctionnée par la charte de 1830? Comment n'a-t-on pas songé que les *créanciers* des émigrés, si maltraités sous la république et l'empire, seraient frustrés de leurs droits au fonds commun? Le crédit public enfin ne peut-il pas souffrir d'un projet de loi qu'on pouvait se dispenser de présenter?

Si la loi du 27 Avril 1825 est mauvaise, spoliatrice envers l'état, celle du 5 Décembre 1814 est aussi mauvaise et spoliatrice, puisqu'elle restitue tous les biens séquestrés

et confisqués pour cause d'émigration, ainsi que ceux ad-
venus à l'état par suite de partage de successions et pré-
successions, les biens cédés à la caisse d'amortissement, les
sommes provenant de décomptes faits ou à faire, les termes
échus et à échoir du prix des ventes de biens nationaux, les
biens réunis au domaine par l'effet des déchéances prononcées contre les acquéreurs, les biens réunis aux hospices,
maisons de charité et autres établissements de bienfaisance
(conditionnellement), les rentes foncières et constituées, les
titres de créances, enfin les actions représentant les canaux
de navigation, affectées aux dépenses de la légion d'honneur, etc.

Le principe de ces restitutions et de celles faites sous le
consulat et l'empire, est le même qui a présidé à l'émission
de la loi du 27 Avril. Si l'état a été dépouillé par la loi du
27 Avril, il l'a été également par la loi du 5 Décembre.
L'une ne peut paraître juste et l'autre inique. Elles doivent
être exécutées l'une et l'autre dans toutes leurs dispositions,
ou être frappées l'une et l'autre de la même réprobation : la
justice le veut ainsi. L'état avait le même droit sur les biens
restitués en l'an 10 et en 1814, que sur les biens vendus
nationalement. En restituant les biens invendus, il prenait
l'engagement assez formel de restituer aussi le prix ou partie du
prix des biens vendus; et c'est cet engagement que la loi
du 27 Avril a voulu réaliser.

Pourquoi d'ailleurs froisser tant d'intérêts divers, com-
promettre la fortune des créanciers des émigrés? Pourquoi
faire précéder ce projet de loi d'un discours acrimonieux
contre les indemnitaires, au nombre desquels se trouvent le
roi citoyen lui-même, son auguste sœur, le généralissime des
gardes nationales, les plus beaux caractères des deux chambres?
Comment n'a-t-on pas senti qu'en qualifiant de spoliatrice
la loi du 27 Avril 1825, on outrageait les pairs et les dé-

putés de 1825, qui seront peu flattés d'être assimilés à des auteurs ou à des complices de spoliation ? Les grands noms des Doudeauville, des La Ferronnaye, des Châteaubriant, des Hyde de Neuville et des Royer-Collard ont bien pu se trouver sur des tables de proscription, mais jamais ils n'ont été accolés à des actes spoliateurs.

On traite de *spoliatrice* la loi du 27 Avril 1825! comment appellera-t-on désormais celles qui ordonnaient le séquestre et la confiscation ? Peut-on les appeler *excellentes ?* Alors on n'entendrait rien à la charte de 1814, ni à celle de 1830, qui, en proscrivant la confiscation des biens, proclament assez expressément que les lois de 1792 et 1793 étaient mauvaises, immorales, spoliatrices enfin. On ne frappe jamais de réprobation des lois reconnues bonnes et équitables, mais seulement celles mauvaises et iniques. Les deux chartes se sont donc prononcées contre la confiscation des biens ; elles l'ont improuvée autant qu'elles le pouvaient, en déclarant toutefois que la loi ne mettait aucune différence entre les propriétés ordinaires et celles qu'on appelle nationales.

Et puis, pourquoi, si la loi est mauvaise, ne tient-on pas le même langage à tous les indemnitaires ? Pourquoi dire à ceux qui ont été les plus favorisés : « Cette loi d'indemnité » fut une spoliation envers l'état ; vous étiez *vainqueurs,* » lorsque vous nous imposâtes *cette mauvaise loi.* Les rôles » sont changés aujourd'hui, vous êtes les *vaincus.* On veut » cependant vous traiter généreusement, gardez les fruits » de cette spoliation, puisque tout est censé consommé à » votre égard et que nous ne pourrions vous atteindre, sans » spolier ceux qui ont traité avec vous et acheté vos indem- » nités ? » Et pourquoi dire aux autres dont le fonds commun faisait en quelque sorte toute la ressource et celle de leurs *créanciers ?* « Pour vous, on ne vous doit rien ; les » 100 millions qui vous étaient destinés, seraient très-diffi-

» ciles à répartir, vous ne deviez pas y compter. Si vous
» avez vendu votre part des 100 millions, tant pis pour
» vous et pour ceux qui ont cru que les lois n'ont pas d'effets
» rétroactifs. Vous direz que c'est là une justice qui a deux
» poids et deux mesures ; que c'est une liquidation qui
» donne tout aux uns et rien aux autres. Vos plaintes ne
» sauraient nous attendrir. Prenez-vous-en aux auteurs de
» la loi du 27 Avril. Si vous êtes lésés, c'est cette *mauvaise*
» *loi* qu'il faut accuser, et non ceux qui l'ont combattue de
» toutes leurs forces. »

Les ayant-droit au fonds commun ne s'accommoderont
guères de ces distinctions ; car de ce que la loi du 27 Avril
les a placés dans une catégorie peu favorable, ce n'est pas
un motif pour que l'injustice commise à leur égard soit
confirmée par le gouvernement actuel. C'en serait un au
contraire pour faire preuve d'une haute impartialité et d'une
grande loyauté dans l'exécution de la loi du 27 Avril 1825.

Le gouvernement déchu aurait-il, comme on l'a avancé,
conçu le projet de s'emparer du fonds commun ; cette dé-
loyauté, serait-elle bien établie, ne saurait influer sur le
projet de loi présenté par M. le ministre des finances. Il
est même inconcevable qu'on se soit étayé de l'opinion des
conseillers de Charles X, pour appuyer un projet de loi
passablement inconstitutionnel.

Après ces réflexions générales, il convient d'examiner
spécialement les questions qui naissent du projet de loi et
de ses motifs.

1.re Question. La loi du 27 Avril 1825 est-elle réellement injuste ?

Pour établir la justice de la loi du 27 Avril 1825 dans
son principe, il suffit d'indiquer les excellents discours de
MM. de Portalis, Martignac et Pardessus, tous trois ju-
risconsultes distingués et incapables sans doute d'appeler

juste une chose *inique* ; la proposition de M. le maréchal Macdonald à la chambre des pairs, les discours des orateurs inscrits pour la loi du 27 Avril, tant à la chambre des députés qu'à celle des pairs, l'adoption de cette loi par les deux chambres et par le roi.

Pourquoi donc cette haine contre l'émigration? Pourquoi ces récriminations continuelles, proscrites par la charte de 1814 et par celle de 1830? Est-ce qu'il n'est pas évident aujourd'hui que, si d'abord l'émigration fut volontaire, elle devint une nécessité et pour les royalistes et pour les meilleurs patriotes? M. le marquis de Lafayette n'a-t-il pas émigré? Est-ce qu'il ne résulte pas des adjudications de biens nationaux qu'on mettait à l'encan sans distinction et les biens du vertueux Malesherbes et ceux de M. de Lafayette? N'a-t-on pas vendu et les biens du républicain et ceux du royaliste, ceux du conventionnel comme ceux des déportés de Thermidor et de Fructidor? Est-ce que les condamnations révolutionnaires n'ont pas frappé également toutes les classes de la société, le prêtre, le noble, le plébéien, le marchand et le laboureur? Il faut avoir bien peu de mémoire, avoir peu de connoissance de l'histoire écrite que renferment les archives des tribunaux révolutionnaires et celles des administrations départementales, pour douter de l'exactitude de ces tristes vérités. Il était donc de toute justice qu'après le retour à l'ordre, une indemnité fût accordée aux malheureux Français dont les propriétés avaient été violées pendant la tourmente révolutionnaire. Que ceux qui sont d'une opinion contraire interrogent leur conscience, qu'ils se mettent un instant dans la position des anciens propriétaires évincés, et ils ne verront dans la loi du 27 Avril 1825, que la reconnaissance d'un principe d'éternelle justice, car *ne pas faire à autrui ce qu'on ne voudrait pas souffrir soi-même,* est la base de toutes les religions du monde, et c'est ce précepte écrit dans tous les cœurs qui est le fondement de la morale et de la justice.

Si la révolution avait épargné les biens des Lafayette, des Choiseul, des Larochefoucaud, des Voyer-Dargenson, etc. qu'on ne saurait mettre au nombre des ennemis de la liberté et du peuple, on concevrait alors qu'elle ne poursuivait réellement que les ennemis du nouvel ordre de choses et ceux réputés tels ; le reproche fait aux émigrés réunis à Coblentz aurait peut-être quelque valeur ; mais il ne peut en avoir aucune, puisque les noms que l'on vient de citer figurent sur la liste des indemnitaires, ce qui prouve que les acquéreurs ont acheté pour leur propre compte et non pour les anciens propriétaires : d'où il résulte que la *haine* dont on paraissait animé contre *Coblentz* était tellement aveugle, qu'elle frappait à la fois les amis et les ennemis de la révolution. La confiscation des biens de M. le général Lafayette * ne saurait être justifiée aujourd'hui, et cette confiscation seule réfute les motifs du projet de loi.

Si la révolution de 1789 fut regardée généralement comme un bienfait, tous les hommes honorables la jugèrent autrement, lorsqu'ils furent convaincus qu'on ne voulait pas seulement détruire les abus de la féodalité (ce qui avait été fait sous le règne de Louis XVI), mais faire des listes de proscription, dresser des échafauds et rétablir la confiscation, et ceux qui n'improuvèrent pas tout haut les excès dont notre patrie était menacée, conservèrent leurs fonctions uniquement pour tempérer, autant qu'il était en eux, la rigueur des mesures acerbes dont on était si prodigue en 1792 et 1793, et même en 1794.

Deux lois des 21 Prairial et 21 Fructidor an 3 restituèrent les biens des condamnés et ceux des prêtres déportés, à leurs héritiers. Personne ne s'avisa de soutenir que ces loix de

---

* Constant ami du peuple et de la liberté, et aussi constant ennemi du despotisme (même impérial) que de l'anarchie.

1795 fussent injustes. Elles ne furent pas suivies de l'heureux résultat qu'on en espérait, parce que les biens dont on ordonnait la restitution avaient été presque tous vendus nationalement, et c'est par cette raison que les héritiers des condamnés et des prêtres déportés figurent au nombre des indemnitaires.

Les époques désastreuses que nous venons de rappeler, n'ont pas aujourd'hui un seul apologiste, et personne que nous sachions n'a encore présenté, comme une recommendation auprès des électeurs, un éloge de 92 et 93 et des conséquences déplorables des lois qu'ils enfantèrent. C'est un fait qu'il est bon de constater et qui parle assez haut en faveur de notre époque.

Le principe ne peut donc être contesté. L'expropriation commandée par les lois de 92 et 93 était immorale et anti-sociale. Les biens qui en furent l'objet devaient ou retourner aux anciens propriétaires, ou en cas d'impossibilité, donner lieu à une indemnité au profit des anciens propriétaires.

Les bases adoptées par la loi du 27 Avril pour le payement de l'indemnité à tous ceux dont les biens ont été confisqués, ne sont pas aussi conformes à l'exacte justice. Les distinctions établies par l'art. 2 sont plus que vicieuses. En effet, le revenu de 1790 devait être appliqué à tous les biens vendus, sans égard aux époques des ventes, aux espèces touchées par l'état, assignats, mandats ou argent. Il n'y avait qu'un fait à examiner, l'expropriation ; et ce fait constaté, il était peu équitable de fixer pour de certains biens 18 fois le revenu de 1790, et pour les autres biens dont le revenu était le même en 1790, le prix des ventes réduit d'après les échelles de proportion, réduction qui a été dans beaucoup de départemens au-dessous de 6 fois le revenu de 1790. Il eût bien mieux valu que la somme destinée à l'indemnité fût au-dessous d'un milliard et qu'elle eût été répartie sur une base égale et commune entre tous les propriétaires évincés : dans ce cas, il n'y auroit pas eu de fonds commun, et

L'article 2 de la loi du 27 Avril est aussi positif que le premier. Il est conçu en termes impératifs, puisqu'il porte que *les sommes* (et non partie des sommes), restées libres sur les 30 millions de rente, seront employées à réparer les inégalités qui auraient pu résulter des bases fixées par ce même article, suivant le mode qui sera réglé par une loi. Les sommes restées libres ont donc reçu une destination spéciale ; elles sont déclarées appartenir aux indemnitaires lésés dans la répartition première.

Tout a donc été réglé par la loi du 27 Avril 1825. Cette loi forme le meilleur des contrats entre l'état et les indemnitaires. Ce contrat ne peut être brisé par *le bon plaisir* d'une des parties. Il doit recevoir son exécution entière, complette et sans restriction quelconque, puisque le temps des restrictions est passé, dit-on.

Qu'on n'aille pas prétendre que le droit acquis aux indemnisés ayant droit au fonds commun ne soit qu'une espérance, une expectative, une éventualité, sur le prétexte qu'une nouvelle loi devait indiquer le mode de répartition. Ce raisonnement serait faux et même absurde ; car si le fonds commun n'avait été destiné à réparer les inégalités résultantes nécessairement des bases vicieuses de l'art. 2, si le législateur s'était réservé de l'appliquer autrement, il aurait dit : « les » sommes restées libres feront la matière d'une loi spéciale » qui *en déterminera* l'emploi suivant les circonstances. » Mais le législateur *a déterminé* irrévocablement l'emploi des 100 millions par la loi du 27 Avril, il a indiqué les ayant droit à ces 100 millions (les indemnisés de la 2.ᵉ catégorie.) La loi du 27 Avril et l'acte qui constate la créance des indemnitaires et qui en fixe le montant, celle qui devait intervenir pour régler le mode de répartition, ne peut être comparée qu'à un jugement d'ordre qui fixe la part de chaque créancier sur le prix d'une vente ordinaire ou judiciaire.

Cette 2.ᵉ loi n'était donc qu'un acte commandé par la nécessité, un acte de liquidation générale ; mais elle ne pouvait modifier en rien l'effet de la première, pas plus qu'un jugement d'ordre ou de distribution de deniers (ou l'ordonnance qui en tient lieu), ne peut augmenter ni diminuer le prix d'une vente, ni restreindre en rien les conditions de la vente, encore moins déclarer que ce qui devait revenir à Pierre serait alloué à Paul.

Qu'on veuille réfléchir attentivement et on ne confondra plus les effets de deux lois distinctes dans leur but. La 1.ʳᵉ liquide à un milliard la dette de l'état envers les indemnitaires ; elle ne concerne que l'état et tous les indemnisés collectivement. La 2.ᵉ au contraire devait avoir pour objet de répartir le fonds commun entre les indemnitaires lésés ; elle devait dire uniquement, « les lésions constatées s'élèvent à » la somme de........ le fonds commun est de.... somme infé» rieure à la précédente ; en conséquence les indemnisés de » la 2.ᵉ catégorie, au lieu d'avoir comme les autres 18 fois » le revenu de 1790, n'auront que tant de fois ce revenu, » le milliard étant épuisé ». Avec cet article unique, les indemnisés lésés auraient fait liquider leurs suppléments d'indemnité dans chaque département (ce qui a déjà été fait dans plusieurs), et ils auraient ensuite reçu ce qui devoit leur revenir en inscriptions de rente 3 p. 0/0.

Il n'est pas non plus exact de dire que les liquidations payables sur le fonds commun n'ont pas été faites. Elles devaient précéder la loi annoncée dans l'art. 2 de celle du 27 Avril. Il fallait, pour rendre cette loi, connaître le montant des liquidations et s'assurer ainsi, si les sommes restées disponibles étaient ou n'étaient pas suffisantes pour donner aux indemnitaires lésés 18 fois le revenu de 1790, ou pour compléter 18 fois le revenu de 1790. Sans ce préalable, la loi ne pouvait fixer une base régulière et équitable pour tous les ayant-droit, aussi a-t-il été rempli dans beaucoup de départements ; et si le gouvernement veut faire prévenir les ayant droit de se présenter pour être payés, il verra arriver bon nombre de bordereaux supplémentaires liquidés et payables sur le fonds commun.

Quant à la constitutionnalité du projet de loi présenté à la chambre des députés par M.ʳ le président du conseil, nous avons déjà dit qu'il portait atteinte aux articles 57 et 61 de la nouvelle charte ; et on ne peut soutenir le contraire, si refuser de payer ce qui était accordé par une loi est réellement une confiscation, et si éluder les engagements pris par le précédent gouvernement, est de la part du nouveau manquer à ses propres engagements ou à ceux devenus siens.

Pour faire tomber ce reproche, il faudrait que le gouvernement déclarât qu'avec 900 millions, il peut indemniser tous les anciens propriétaires dont les biens ont été vendus, quelles que soient les époques, à raison de 18 fois le revenu de 1790 ; mais cette déclaration qui devait naturellement trouver sa place dans l'exposé des motifs n'a pas été faite, ou si elle s'y trouve implicitement, on ne l'a pas comprise.

Les indemnitaires de la 2.ᵉ catégorie tiennent à être traités sur le même pied que ceux de la 1.ʳᵉ : justice égale pour tous, voilà ce qu'ils demandent et rien au-delà. Ils ne songent pas à des largesses ; ils n'exigent pas qu'on fasse des efforts de générosité pour eux, mais ils insistent pour que la justice ne soit pas un vain mot pour eux *et leurs malheureux créanciers.*

3.ᵐᵉ **Question.** Si le projet de loi passait, les 100 millions prélevés sur les indemnisés de la 2.ᵉ catégorie ne devraient-ils pas être remplacés par une somme égale, payable par les indemnisés de la 1.ʳᵉ catégorie qui ont reçu 18 fois le revenu de 1790 , sauf, s'ils ont aussi des droits au fonds commun , à les faire valoir dans la répartition des 100 millions ?

Si la base établie pour les indemnisés de la 1.re catégorie a été fixée à 18 fois le revenu de 1790 , c'est que , par la création d'un fonds commun , cette base aurait été presque la même pour les indemnisés de la 2.e catégorie. Le fonds commun disparaissant , il y a pour les derniers indemnitaires une perte de 100 millions qu'il serait inique de leur faire supporter exclusivement.

La loi du 27 Avril 1825 avait pour objet de donner à tous les indemnisés, sans distinction , 18 fois le revenu de 1790. La preuve s'en trouve dans l'art. 2 et dans les articles 34 , 35, 36 et 55 de l'ordonnance royale du 1.er Mai, ainsi conçus :

Art. 34.

« Après le renvoi qui lui aura été fait du bordereau
» d'indemnité, le préfet en donnera une copie aux récla-
» mants au domicile qu'ils auront élu dans le département,
» ainsi que de l'état des dettes mentionnées au bordereau ,
« afin qu'ils aient à lui présenter leurs mémoires et obser-
» vations. Ces mémoires devront être accompagnés d'obser-
» vations distinctes et séparées , ayant pour objet la *lésion*
» qui pourrait résulter pour les réclamants de l'application
» des dispositions générales de la loi, et qui porterait l'al-
» location à une somme moindre que 18 fois le revenu
» de 1790.

Art. 35.

» Aussitôt après que les observations ou mémoires que
» les réclamants auraient à présenter lui seront parvenus ,
» le préfet en conseil de préfecture procédera : 1.º à la véri-
» fication des titres justificatifs des qualités et droits des ré-
» clamants ; 2.º à l'examen des bases adoptées pour le régle-

» ment de l'indemnité , des énonciations du bordereau et
» des observations des réclamants. Il donnera sur le tout un
» avis motivé.

Art. 36.

» Le préfet en conseil de préfecture , par un avis distinct
» et séparé , donnera son opinion sur le mérite des récla-
« mations pour cause de *lésion* résultant, pour les ayant-
» droit, de la fixation de l'indemnité à un capital moindre
» de 18 fois le revenu réel de 1790.

Art. 55.

» La commission de liquidation , toutes les sections réu-
» nies , examinera les avis donnés par le préfet en conseil
» de préfecture sur *la lésion* éprouvée par les ayant-droit à
» l'indemnité. Lorsque le résultat des liquidations sera con-
» nu , elle vérifiera à quelle somme s'élèvent les fonds res-
» tés disponibles sur les 30 millions de rente ; et afin de
» nous préparer les moyens de réparer les inégalités résul-
» tantes des bases fixées par l'art. 2. de la loi , elle nous
» présentera , avec un rapport sur ses travaux , un tableau
» indiquant la situation relative de tous les individus qui ont
» participé à l'indemnité. »

On doit reconnaître d'après ces articles , que tous les indemnisés devaient recevoir 18 fois le revenu de 1790 , et le
milliard en entier devait produire ce résultat. On doit aussi
convenir que les préfets ont statué sur les demandes en lésion , et que les décisions intervenues tiennent lieu à ceux
qui les ont obtenues de bordereaux supplémentaires.

Si par suite du projet de loi qui réduit le milliard à 900
millions, les indemnisés de la 2.ᵉ catégorie ne reçoivent plus
le montant des bordereaux qui leur ont été délivrés, ils seraient fondés en équité, et peut-être en droit rigoureux, d'e-
xiger partie de ce qui leur est dû des indemnisés de la 1.

catégorie, qui ont reçu non-seulement 18 fois le revenu de 1790, mais encore près de 5 ans d'intérêts 3 pour 0/0 du capital de leur indemnité.

La loi du 27 Avril 1825 concernait tous les indemnisés, ses effets doivent être les mêmes pour tous; elle doit rétroagir pour les uns comme pour les autres. Il serait inique qu'une partie des indemnisés reçût un capital calculé sur 18 fois le revenu de 1790, plus les intérêts depuis 1825, et qu'une autre partie des mêmes indemnisés fût éconduite avec 5 ou 6 fois le revenu de 1790. Cette inégalité choquante, que nous démontrerons bientôt jusqu'à la dernière évidence, dans une loi appelée en 1825 *un grand acte* de justice et en 1830 *un acte de spoliation*, ne saurait subsister; ou cette loi mauvaise, dit-on, deviendrait encore plus mauvaise; elle deviendrait odieuse aux indemnisés si cruellement abusés et trompés.

Les 100 millions qui retournent au trésor peuvent être remplacés avec les intérêts reçus par les indemnisés de la 1.ʳᵉ catégorie. Ceux-ci ne sauraient se plaindre d'une remise d'intérêts, puisqu'ils seront encore bien mieux partagés que les indemnitaires qui avaient les mêmes droits qu'eux.

On doit même s'attendre à voir les indemnisés les mieux traités se disputer l'honneur de former une commission pour aviser aux moyens de maintenir un juste équilibre entre tous les ayant-droit à l'indemnité, et pour faire un nouveau fonds destiné à remplacer celui qui menace de faire retour au trésor.

Les hautes notabilités qui figurent sur la liste des indemnisés de la 1.ʳᵉ catégorie s'empresseront, nous n'en saurions douter, de donner, dans cette circonstance malheureuse pour les indemnisés frustrés de leur gage, un nouvel exemple de haute probité et de bonne foi. Ils corrigeront ainsi, par un élan spontané, renfermé dans le cœur de

chacun

chacun d'eux, les vices d'une loi qui aurait pu se dispenser d'établir des catégories pour des biens dont le revenu de
1790 était si facile à constater, sans distinction des époques
des ventes. Ils se diront intérieurement : « Notre part eût
» été beaucoup moins forte, si la somme affectée par la loi
» du 27 Avril n'avait été que de 900 millions. Au lieu de
» 18 fois le revenu de 1790, nous n'eussions reçu peut-être
» que 12 fois ce revenu ; il est donc juste que nous venions
» au secours de nos concitoyens évincés par la loi nouvelle.
» Nous ne devions pas recevoir plus qu'eux ; nos malheurs
» ont été égaux, le dédommagement doit aussi être égal.
» C'est là, sinon une obligation fondée en droit, du moins
» une obligation naturelle, aussi sacrée pour l'homme d'hon
» neur et de conscience, que toutes les obligations civiles. »

Ils ne se contenteront pas de dire aux indemnisés atteints
par le projet de loi, *tant pis pour vous, tant pis pour vos
créanciers. Nous ne pouvons qu'y faire, nous ne pouvons
que vous plaindre.* Ils savent qu'ils doivent réellement une
garantie, dont ils ne chercheront point à se défendre par
quelque motif et par quelque considération que ce soit.

La loi du 27 Avril 1825 repose d'ailleurs sur *une fausse
cause,* ou sur une cause qui n'existe plus, puisqu'elle n'accordait 18 fois le revenu de 1790 aux indemnisés de la 1.re catégorie, que sous la condition que le milliard en entier serait affecté à l'indemnité ; or le projet de loi réduit d'un dixième le capital sur lequel on avait opéré, donc les bases
fixées par la loi du 27 Avril sont détruites ; et il faut de
deux choses l'une, ou prélever les 100 millions sur les indemnisés les mieux appartis, ou faire une nouvelle liquidation sur de nouvelles bases ; et comme l'intérêt des tiers
pourrait être compromis par ces nouvelles bases, il n'y a
d'autre moyen que de faire supporter les 100 millions à
ceux qui auraient reçu 100 millions de moins, si les cho

ses avaient été en 1825 dans l'état où elles sont aujourd'hui.

Un exemple rendra plus frappant ce qu'on vient d'avancer. Supposons un juge chargé d'une distribution par contribution entre des créanciers égaux en droits ; que la somme à distribuer soit de 10000 fr. , et que par suite de différents entre l'acquéreur et le vendeur , elle soit réduite à 9000 fr. , à l'insu du juge ou après la clôture de son procès-verbal ; admettons que les 10000 fr. aient été distribués par moitié à deux individus créanciers de 5000 fr. chacun ; que l'un d'eux ait reçu 5000 fr. pour son bordereau de collocation , et que l'acquéreur ne veuille compter à l'autre que 4000 fr. ; pense-t-on que ce créancier se contenterait de recevoir 4000 fr. , tandis que sa collocation est de 5000 fr. ? Non sans doute ; il serait fondé à réclamer une nouvelle distribution , ou à exiger de l'autre créancier une somme de 500 fr. qui lui aurait été allouée par erreur. Il aurait contre le créancier l'action *conditione indebiti* qui réussirait infailliblement , puisque la perte devait être supportée par les deux créanciers produisant au marc le franc , et que , les deux créances étant égales , il ne revenait aux deux créanciers que 4500 fr. chacun , la somme à distribuer étant réduite à 9000 fr.

Cet exemple rentre absolument dans notre espèce. L'indemnité accordée originairement est réduite d'un 10me. Cette réduction a eu lieu postérieurement à la loi qui a réglé les bases de l'indemnité. Ces bases sont attaquées dans leur essence. Les indemnisés de la 1.re catégorie ont reçu réellement plus qu'ils ne devaient recevoir , puisque le législateur a cru qu'il s'agissait de répartir un milliard et non 900 millions. Les indemnisés de la 2.e catégorie ne doivent donc pas supporter seuls la perte de 100 millions ; ce serait une monstruosité. Eux seuls cependant supporteront cette perte , si , comme nous l'avons déjà dit , l'état ne peut avec 900 millions donner à tous les indemnisés en général 18 fois le revenu de 1790 (ce qui est plus que douteux).

Partialité et injustice sont synonymes ; or , il y aurait évidemment partialité dans la loi du 27 Avril 1825 et dans le projet de loi récemment présenté , si les indemnitaires, qui ont les mêmes droits, recevaient les uns 18 fois le revenu de 1790 , et les autres 5 ou 6 fois ce revenu seulement ; et cette partialité serait consacrée par le gouvernement actuel , *le gouvernement de vérité et de justice* , s'il n'a pas dans ses coffres les fonds nécessaires pour rendre égale la position de tous les indemnisés , ou si le projet de loi ne contient pas un amendement ayant pour objet de modifier les liquidations faites au profit des indemnisés de la 1.re catégorie , en faisant contribuer ces derniers à la perte qu'éprouveront les indemnisés de la 2.e catégorie , ou enfin, si la loyauté des indemnisés de la 1.re catégorie ne venait corriger les vices et les défectuosités de la loi du 27 Avril et du projet de loi maintenant en discussion devant la chambre des pairs.

Disons-le donc encore une fois : la loi du 27 Avril , étant faite dans l'intérêt de tous les indemnisés, et peut-être aussi dans celui des acquéreurs de biens nationaux , devait leur donner à tous 18 fois le revenu de 1790 ; et on pouvait le faire en 1831 , si le milliard n'avait pas été entamé par le projet de loi adopté par la chambre des députés. On revient aujourd'hui sur la loi du 27 Avril , il faut donc revenir aussi sur l'allocation faite au profit des indemnisés de la 1.re catégorie , traités en *aînés* , et ne pas laisser les 100 millions à la charge des indemnisés de la 2.e catégorie , qui ne doivent pas partager d'après les principes du droit coutumier , mais bien d'après les lois qui proclament l'égalité la plus parfaite dans tous les partages et liquidations , lorsque les droits sont égaux.

Une mesure essentiellement équitable , commandée par

la morale et la justice, ne doit pas être repoussée par le motif qu'elle aurait en apparence un caractère de rétroactivité. Il faut être sobre de ces mesures sans doute ; mais, lorsque le droit des tiers est respecté, il n'y a aucun inconvénient à faire restituer à des créanciers ce qu'ils ne devaient pas recevoir. Agir autrement, ce serait consacrer toutes les iniquités et déclarer que les erreurs les mieux démontrées sont irréparables sous toutes les formes de gouvernement.

La loi du 27 Avril 1825 ne devait établir qu'une base pour toutes les ventes de biens nationaux, puisqu'on ne peut dire que le gouvernement ne rembourse que le prix des ventes; car il est évident que les indemnisés de la 1.re catégorie, en recevant 18 fois le revenu de 1790, ont reçu de l'état plus de la moitié au-dessus du prix payé par les acquéreurs nationaux, et en voici la preuve pour ce qui concerne les Côtes-du-Nord, l'un des départements où le fléau des confiscations a exercé le plus de ravages.

1.° Un immeuble arrenté en 1790, 148 fr. 80 c., a été vendu en l'an 7 pour 1215 fr. Sa valeur au denier 18 était cependant de 2678 fr. 40 c., l'état a donc payé pour cet article 1463 fr. plus qu'il n'avait reçu.

2.° Un autre immeuble produisant en 1790, 235 fr. 60 c. de revenu, a été vendu en l'an 7 pour 1910 fr., l'état a accordé pour indemnité 18 fois le revenu faisant 4240 fr. 80 c., il a donc payé 2330 fr. 80 c. plus qu'il n'avait reçu de l'acquéreur.

3.° Un autre immeuble arrenté en 1790, 121 fr. 58 c., a été cédé en l'an 7 pour 980 liv., l'état a payé pour cet art. 2188 fr. 44 c., et par conséquent 1208 fr. 44 c. au-delà du prix de la vente.

On pourrait multiplier ces exemples à l'infini, mais nous laissons aux indemnisés lésés le soin de faire ressortir les avantages extraordinaires accordés aux indemnitaires de la

1.re catégorie. La cause est commune , l'intérêt le même , et ce n'est pas une bagatelle qu'une perte de 100 millions.

Nous ajouterons que la valeur légale des biens dont nous venons de parler , a toujours été calculée en Bretagne sur le pied du denier 25, et qu'aujourd'hui la valeur vénale de ces biens est entre le denier 30 et 40 : qu'on dise encore que tout le monde a à se plaindre de la 1.re révolution !.....

On voit par ces trois exemples qu'on ne peut donner pour prétexte aux catégories de l'art. 2 , que l'état ne devait payer que le montant du prix des ventes , puisqu'il est avéré qu'il a alloué plus de la moitié au-delà de ce prix aux indemnisés de la 1.re catégorie.

Le prix des ventes ne devait donc pas être considéré pour fixer l'indemnité ; on y a eu recours cependant pour les indemnisés de la 2.e catégorie, puisqu'au lieu de leur accorder de suite, comme aux autres, 18 fois le revenu de 1790 , on a réduit en argent les assignats payés par les acquéreurs , et comme ces assignats ne valaient alors que 2 , 3, 4 et 5 le 100 , leur liquidation première ne s'est pas élevée à 6 fois le revenu de 1790 ; s'ils n'obtiennent plus rien , ils perdront les deux tiers de leurs créances. Ainsi les indemnisés de la 2.e catégorie sont menacés par le projet de loi , de voir renaître pour eux seuls ces jours déplorables où d'autres créanciers de l'état furent dépouillés des deux tiers de leurs créances ; ainsi on imiterait, sous un roi citoyen et honnête homme, des précédents détestables : mais non , nous le disons avec conviction , cela ne peut être, cela ne sera pas , cela est impossible avec un roi qui *a juré de rendre justice à chacun selon son droit* (et c'est ici le cas où jamais); et si, par politique et comme chef de l'état, il croyait devoir sanctionner ce projet, comme homme et comme Français, son cœur lui dira quelle mesure il importera de prendre pour rendre la position des indemnisés à peu près égale. Il aimerait mieux, s'il était nécessaire, se passer quelques années de liste civile, que de consentir que, sous son règne, on ait fait une loi par suite de laquelle des créanciers égaux en droit ont reçus les uns la totalité de leurs créances, et les autres le tiers seulement. Il dirait, nous en sommes persuadés, que *ce n'est pas là de la justice, que ce n'est pas la rendre à chacun selon son droit.*

Comparons maintenant la position des indemnisés de la 2.ᵉ catégorie à celle des autres indemnisés, et l'on se convaincra de l'inexactitude de l'allégation de M.ʳ de Mosbourg, en parlant dans son rapport (du reste assez mesuré) *d'inégalités peu nombreuses, d'inégalités parfaites.*

1.° Le 9 Vendémiaire an 3, on a vendu un immeuble affermé 30 fr. en 1790 ; on a accordé une somme de 187 fr. 15 c. d'après l'échelle de proportion. L'indemnisé devait, pour être traité comme ceux de la 1.ʳᵉ catégorie, recevoir 540 fr. faisant 18 fois le revenu de 1790 ; il lui a été délivré sur le fonds commun un bordereau supplémentaire de 352 fr. 85 c. Si ce bordereau est quittancé par l'adoption du projet de loi, il n'aura réellement été indemnisé qu'à raison de 6 fois le revenu de 1790, et il perdra les deux tiers de sa créance.

2.° Un autre indemnisé de la même catégorie a réclamé une indemnité pour un immeuble vendu en l'an 3 et affermé 150 fr. en 1790 ; on lui a alloué d'après les bases de l'art. 2, 705 fr., et il lui a été délivré un autre bordereau sur le fonds commun, montant à la somme de 1995 fr. Si ce bordereau pour lésion est annullé dans ses mains par le projet de loi qui change la destination primitive du fonds commun, il sera évincé de plus des deux tiers de sa créance.

3.° Un autre indemnisé pour une propriété estimée par un expert de l'administration, en Germinal an 2, un capital de 76,021 fr. 50 c., représentant plus de 3800 fr. de re-

venu en 1790 au denier 20 , et faisant au denier 18, 68,400
fr. , n'a obtenu pour 1.re liquidation que 11,367 fr. 60 c.
valeur en argent au 9 Prairial an 3 , des 531,000 liv.
d'assignats montant de l'adjudication nationale. Cet indemni-
nisé , héritier bénéficiaire , a reçu pour cette propriété un
bordereau supplémentaire de 57,032 fr. 40 c. , payable sur
le fonds commun. Si on refuse de payer cette somme , il
n'aura pour toute indemnité que 3 fois le revenu de 1790.
Il aura sur cette propriété seulement une perte de 57,032
fr. 40 c.

Nous pourrions faire d'autres citations, mais il n'y a pas
de nécessité ; celles que l'on vient de faire doivent suffire
pour justifier combien sont maltraités les indemnisés de la
2.e catégorie.

Et qu'on ne s'y trompe pas, les rigueurs exercées par le
projet, ne frapperont pas des émigrés (ce qui sentirait un
peu la vengeance) , mais les héritiers de deux prêtres , l'un
condamné et l'autre déporté , dans les deux premiers cas ,
et les créanciers d'une succession bénéficiaire dans le dernier cas. Voilà quel sera en général le résultat désastreux du
projet de loi tendant à grossir le trésor d'une somme de 100
millions. C'est une arme à deux tranchants qui blessera bien
des malheureux et réduira beaucoup de familles de toutes
les opinions à un état de gêne , qu'elles ne pourront s'empêcher d'imputer au gouvernement actuel.

Faut-il rendre plus frappant le tableau de ces monstrueu-
ses inégalités ? Il suffit de comparer les trois indemnités de
la 1.re catégorie , avec les trois de la seconde. Les trois pre-
mières formant 505 fr. 98 c. de revenu en 1790 , ont été
liquidées par trois bordereaux séparés , à un capital de 9107
fr. 60 c. ; les trois dernières formant 3980 fr. de revenu en
1790, n'ont été liquidées qu'à la somme de 12,259 fr. 75
c. Singulière liquidation que celle qui , entre des créanciers

égaux en droits et en malheurs, donne presque la moitié de la somme à partager aux trois créanciers qui ont perdu 5o5 fr. 98 c. de revenu, et aux trois autres qui ont perdu 398o fr. de revenu, le surplus de cette même somme, tandis qu'ils devaient avoir les 9/10.es de la totalité !.... Ajoutons que les trois premiers indemnisés ont encore reçu en sus 4 à 5 ans d'intérêts, puisque leur indemnité a été liquidée sans retard.

Voilà, ce nous semble, une preuve évidente des vices qui dominent dans les travaux préparatoires faits dans chaque département, par les directeurs des domaines. Voilà comment s'est réalisée pour les indemnitaires de la 2e. catégorie, l'espérance que faisait naître le passage du discours de M. de Martignac, ainsi conçu : « On a donc fait faire aux ven- » tes antérieures à la loi du 12 Prairial an 3 , l'application » du tableau des départements où elles ont été consommées. » Le résultat de cette opération , dans son ensemble, a » donné plus du quart en sus de la somme produite par » l'échelle de la trésorerie. Rapprochée ensuite du revenu » de 1790 , indiqué, mais seulement d'une manière appro- » ximative, *par les directeurs des domaines des départements,* » il s'est trouvé que cette base donnait pour *terme moyen* » entre 18 *et* 19 *fois le revenu* (de 1790). »

M. de Martignac, peu convaincu de l'exactitude des données de MM. les directeurs des domaines ou de leurs commis, ajoutait : « Nous ne prétendons pas que cette mesure » soit sans inconvénients, ni même que les inconvénients » qu'elle offre soient légers. Nous reconnaissons que cette » égalité apparente, que le terme moyen (18 et 19 fois le » revenu de 1790) et qui se retrouve dans les masses, ne » se trouvera pas toujours dans les applications de détail ; » nous ne doutons pas au contraire que ces applications ne » présentent souvent *des inégalités multipliées et considé-* » *rables.* «

Ces opérations par masses sont généralement vicieuses : et puisqu'on avait sous les yeux les tableaux de dépréciation rédigés dans chaque département, il était facile de se convaincre qu'en faisant une base commune pour tous les départements, pour tous les indemnisés de la 2.ᵉ catégorie, on s'éloignait de l'exacte justice, puisque les indemnitaires d'un département où les assignats étaient cotés à 75 c. pour 0⁄0, devaient recevoir trois fois autant que ceux des départements où les assignats n'étaient cotés qu'à 25 pour 0⁄0.

Les cinq départements de la Bretagne qui ont le plus souffert des excès de la 1.ʳᵉ révolution, ont donc été lésés une 1.ʳᵉ fois par l'égalité apparente qui semblait ressortir de l'opération générale, puisque les indemnisés de ces départements n'ont reçu que 5 ou 6 fois le revenu de 1790; ils le seront de nouveau par l'adoption du projet de loi, puisqu'ils n'ont reçu que le tiers de leurs créances. Ainsi on peut dire que le projet de loi frappera plus particulièrement les Bretons indemnisés, et que des 100 millions que le trésor veut retenir, plus de 50 peut-être revenaient aux indemnitaires des départements de la Loire-Inférieure, d'Ille-et-Vilaine, des Côtes-du-Nord, du Morbihan et du Finistère.

Nous croyons avoir établi que les indemnitaires de la 2ᵉ. catégorie, et principalement ceux des cinq départements de la Bretagne, supporteraient seuls la retenue des 100 millions qu'on veut faire sur le milliard, si le gouvernement ne peut avec 900 millions leur payer, comme aux autres indemnisés, 18 fois le revenu de 1790; et nous espérons, en tout événement, que l'appel fait à la conscience et à la loyauté des indemnisés de la 1.ʳᵉ catégorie, pour former un fonds spécial destiné à établir une certaine égalité entre des hommes dont les droits et les malheurs sont les mêmes, sera compris et entendu.

Nous terminerons par quelques observations qui se ratta-

chent aux trois questions ci - dessus et aux motifs du projet de loi.

1.° L'honorable général Foy était l'adversaire de la loi
d'indemnité , mais un adversaire généreux , comme le sont
tous les illustres guerriers de son temps. Il s'était aussi prononcé sur la destination du fonds commun , puisque , dans
un amendement sur l'art. 2 de la loi du 27 Avril et qui fut
malheureusement rejeté , il disait : « lorsque le résultat des
» liquidations aura été connu , les sommes restées libres sur
» les 3o millions de rentes déterminées par l'art. 1.er , *seront*,
» suivant le mode qui sera réglé par une loi, employées la
» moitié à réparer les *inégalités* qui auraient pu résulter des
» bases fixées par le présent article, l'autre moitié à répa-
» rer le dommage qu'ont éprouvé les créanciers des émigrés
» *liquidés*, en conformité des lois révolutionnaires. »

Dans la pensée de ce célèbre député , dont l'opinion est
du plus grand poids, tout le milliard était affecté à l'indemnité, puisque , dans l'amendement qu'il proposait, il faisait
l'emploi de toutes *les sommes restées libres* sur les 3o millions de rente. Ah ! si la mort ne l'avait enlevé , ce grand
orateur aurait reproduit et développé, avec toute la force de
son beau talent , l'amendement qu'il n'eut pas la consolation
de voir accueillir en 1825, et son adoption en 183o n'aurait
pas été douteuse ; il aurait dit au ministère : « Prouvez qu'a-
» vec 900 millions, vous pouvez donner aux indemnisés de
» la 2.e catégorie 18 fois le revenu de 1790 , comme on a
» accordé aux autres indemnisés, et alors peut-être je reti-
» rerai mon amendement. Justice égale pour tous les in-
» demnisés et leurs créanciers quels qu'ils soient. N'allez pas
» déclarer que les uns recevront 18 fois le revenu de 1790 ,
» et les autres 5 à 6 fois ce revenu seulement. Ce serait une
» nouvelle manière de comprendre la justice, et vous occa-
» sionneriez ainsi des plaintes qui ne seraient pas sans fon-
» dement. »

En reportant son intérêt sur le dommage éprouvé par les créanciers des émigrés *liquidés*, M. le général Foy savait bien combien les créanciers avaient été maltraités sous la république et l'empire. Il savait bien que beaucoup de liquidations avaient été payées par des *déchéances* prononcées par l'état débiteur, ou du moins par le chef de l'état. Il voulait venir au secours de ces créanciers malheureux et des indemnisés de la 2.ᵉ catégorie, et le projet de loi enlève leur gage aux uns et aux autres, malgré l'opinion émise par un général ami de la liberté et de la justice.

Il nous serait facile de prouver que beaucoup de liquidations faites au profit des créanciers des émigrés ne leur ont été d'aucune utilité ; on se bornera à un seul exemple.

La famille Fournier-Dumanoir, de Saint-Malo, avait avant la révolution une créance de 10,000 fr. sur un émigré ou réputé tel. Cette créance avait été liquidée en l'an 9, par l'administration du département des Côtes-du-Nord. De cette époque à 1810, cette malheureuse famille a vainement tenté d'obtenir une liquidation définitive. En 1809, on lui écrivait de Paris : « Nous craignons de ne pouvoir parvenir à obte-
» nir la liquidation de votre créance sur..... nous avons beau
» la solliciter, c'est comme si nous ne disions rien. Il sem-
» ble qu'il y a des ordres secrets de ne point liquider au-
» cune créance sur *émigrés*. » En 1810, le 17 Août, on écrivait encore à la dame Fournier-Dumanoir : « Les tra-
» vaux de liquidation ont cessé à compter du 1.ᵉʳ Janvier,
» et les bureaux ont été tout-à-fait supprimés. Ainsi, tout
» ce qui n'a pas été liquidé à cette époque ne le sera plus,
» et malheureusement votre créance sur M... est dans ce cas ;
« nous ne pouvons que vous réitérer nos regrets que cette
» affaire n'est pas eu une issue plus heureuse, mais cela n'a
» pas dépendu de nous. On a constamment été sourd à
» nos *instances*. »

Nons ne nous arrêtercns pas à faire ressortir l'odieux de ces turpitudes du régime impérial. Une pareille politique excite l'indignation. La restauration survint et le sort des créanciers des émigrés resta le même jusqu'à la loi du 27 Avril 1825. Alors, il faut le reconnaître, les créanciers des émigrés, dont cette loi s'était occupée dans son article 18, crurent voir renaître pour eux le jour de la justice. Les sieurs Fournier-Dumanoir, premiers créanciers hypothécaires de M.***, et avec l'assentiment du fils de ce dernier qui avait renoncé à la succession de son père, réclamèrent l'indemnité due à raison des biens vendus sur leur débiteur. Ils prouvaient que la liquidation provisoire avait été de nul effet à leur égard. Leur demande en indemnité fut accueillie ; mais quel fut leur étonnement, lorsqu'à côté d'un actif de 13,834 fr. 44 c., ils remarquèrent un passif épouvantable de 75,715 fr. pour dettes liquidées et payées, disait-on, par l'état en acquit de l'indemnisé. Les héritiers Fournier-Dumanoir soutinrent : 1.º que rien ne justifiait que ce passif liquidé eût été payé, que *liquider* et *payer* n'étaient pas synonymes, que ces liquidations devaient avoir eu le sort de la leur qui n'avait pas été payée ; 2.º qu'en supposant même ce passif exorbitant payé, l'état n'avait pas payé de ses fonds, mais bien de ceux de leur débiteur, à qui on avait vendu 3 à 400 boisseaux froment de rente foncière, et qui avait en outre des valeurs mobilières et commerciales ; qu'il fallait distinguer entre les dettes payées par l'état, *par le trésor de l'état*, et celles payées par l'état des *fonds appartenant à l'émigré*, dont l'état n'était, à vrai dire, que le mandataire accidentel ; 3.º qu'enfin l'actif devait être distribué d'après les dispositions de l'article 18 portant : « que les créanciers exerceront leurs droits suivant le rang » des priviléges et hypothèques qu'ils avaient sur les im- » meubles confisqués ». Or, disaient les héritiers Dumanoir, la créance de notre auteur est la première en ordre d'hypothèque : elle doit donc être payée la première, puisque l'indemnité représente les biens vendus, sur lesquels la créance était assise ; qu'importe donc que l'état ait payé des créanciers qui n'avaient pas *un droit égal à celui* de notre auteur ? Ce serait substituer un droit à un autre, et le gouvernement serait dans ce cas le premier à violer les règles qu'il a lui-même posées. Les héritiers Fournier-Dumanoir invoquaient l'opinion de M. Pardessus, rapporteur de la loi d'indemnité, qui proclamait : « que l'indemnité » était le prix des biens confisqués ; que ce prix était dans » la caisse de l'état, comme le prix d'un immeuble hypo-» théqué le serait dans les mains de l'acquéreur ou dans la » caisse des consignations ; qu'il est donc grévé des mêmes » hypothèques. La conséquence des vrais principes, disait » plus loin le même jurisconsulte, conduit donc à décider » que l'indemnité doit être considérée dans l'intérêt actuel des » créanciers ayant hypothèque sur les biens vendus, comme » le prix même de ces biens, et que ce prix doit leur être » attribué *dans l'ordre de leurs créances et droits hypo-» thécaires*, tel qu'il existait au moment de la confiscation. L'avis du préfet en conseil de préfecture, fondé sur ce que le titre de créance n'était pas représenté (il a été retrouvé depuis) ; 2.° sur ce que la liquidation provisoire du 11 Vendémiaire an 9, *fut sans doute suivie d'exécution* (ce qui était encore une erreur) ; cet avis, disons-nous, terminait par les expressions suivantes : « Laissant au surplus » *à la commission de liquidation* à prononcer à cet égard » (sur les deux motifs), ce que de raison ». Cette commission n'a encore rien prononcé, et si le gouvernement impérial fut *sourd* aux instances des héritiers Fournier-Dumanoir, celui qui lui succéda fut presque aussi *sourd* à leur juste réclamation. L'un payait les créanciers de l'état avec des décrets de *déchéance*, et l'autre rendit nulle à leur égard les dispositions de la loi d'indemnité, par des retenues pour dettes plus ou moins justifiées et généralement payées des *fonds des émigrés*, et non de ceux de l'état. Les deux étaient, aux termes de la loi du premier Floréal an 3, débiteurs des créanciers des émigrés; les deux ont été peu touchés de la position et des doléances bien légitimes de ces créanciers : y ont-ils gagné ? On sait ce qu'ils sont devenus.

En donnant un aperçu de cette affaire d'indemnité relative à la famille Fournier-Dumanoir, on ne peut s'empêcher de dire que les prévisions du général Foy se sont malheureusement réalisées, et de regretter que son amendement, qui avait pour but de détourner des créanciers des émigrés toute nouvelle injustice, n'ait pas été adopté. Espérons toutefois que cette affaire méritera de fixer l'attention du ministère et au besoin la sollicitude du roi citoyen. Qu'est-ce qu'une créance de 10,000 fr. pour un gouvernement ? Rien du tout. Cette somme dont la famille Fournier-Dumanoir est injustement privée depuis près de 4o ans, qui aurait produit près de 20,000 fr. d'intérêts, qui, placée en biens nationaux, représenterait peut-être aujourd'hui plus de 2000 fr. de revenu, comblerait les vœux de cette famille et lui ferait bénir le gouvernement qui ne serait pas *sourd* à sa juste réclamation, et auquel elle devrait un acte de loyauté et de justice, plutôt qu'un acte de générosité. 2.º On pouvait croire que la loi du 27 Avril 1825 serait littéralement exécutée, puisqu'à propos d'une pétition des héritiers de M. l'abbé Callec (de l'arrondissement de Lannion, Côtes-du-Nord), ayant pour objet de les relever de la déchéance prononcée par l'article 19 de cette loi, pour défaut de réclamation dans les délais prescrits, la chambre des députés, dans sa séance du 27 Septembre dernier, au lieu de passer à l'ordre du jour, adopta les conclusions de

M. le rapporteur, ainsi conçues : « Dans l'espèce, la péti-
» tion des héritiers Callec a paru à votre commission devoir
» être renvoyée au ministre des finances, pour qu'il y ait
» tel égard qu'il appartiendra, lorsqu'en exécution de l'ar-
» ticle 2 de la loi du 27 Avril, il présentera aux chambres
» le projet de loi relatif à la répartition des fonds (ce n'était
» donc pas d'une partie des fonds) restant libres à la fin
» de la liquidation définitive ».

La question reproduite par le nouveau projet de loi,
avait donc été préjugée par le renvoi de la pétition des héritiers de M. l'abbé Callec au ministre des finances. Ces culti-
vateurs qui avaient perdu environ 300 fr. de rente (quoiqu'ils
n'aient jamais passé le Rhin), pouvaient espérer la reprise
de leur créance sur le fonds commun ; mais ils vont perdre
plus de 5000 fr., si le projet de loi que le gouvernement a
fait dans son intérêt, tient lieu de celui annoncé dans les
conclusions de M. le rapporteur, adoptées par la chambre
des députés. On aime à espérer toutefois qu'une réclamation aussi juste que digne d'intérêt trouvera un appui puis-
sant dans la députation des Côtes-du-Nord, et principalement
dans la droiture, la loyauté et le rare talent du député de
l'arrondissement de Lannion *.

3.º On a reproché à l'ancien gouvernement d'avoir été
trop facile à l'égard des indemnisés, de n'avoir pas assez
bien défendu les intérêts du trésor (qui ne devait en avoir
aucun), ce qui a fait que le fonds commun (qui devait être
très-considérable) s'est trouvé réduit à 100 millions. En
parlant de la demande des héritiers Fournier-Dumanoir,
nous avons prouvé que ce reproche n'avait pas le moindre
fondement. L'exécution de la loi d'indemnité, qui devait être
si facile, a été hérissée de difficultés de toutes espèces. Sa

---

* M. Bernard, conseiller à la cour de cassation et membre de la nouvelle commission d'indemnité.

libéralité à l'égard des indemnisés ne peut être invoquée, et en voici un exemple sur 1000. En l'an 3 , l'état vendit une belle propriété sur un émigré 531,000 fr. assignats. Cet émigré avait, disait-on, 450,000 fr. de dettes, que l'état liquida et paya probablement. Lorsque l'indemnité a été réclamée, l'état a réduit à 11,367 fr. 60 c. les 531,000 fr. assignats, et laissant de côté l'échelle de dépréciation, il a porté au passif 450,000 fr. argent. Peut-être eût-il été plus juste d'adopter, pour le passif comme pour l'actif, l'échelle de dépréciation ; ce qu'il y a de certain , c'est qu'un mandataire ordinaire n'aurait pu établir ainsi son compte avec le propriétaire évincé, car celui-ci lui aurait dit : « vous » avez reçu 531,000 fr. assignats , ayant un cours forcé , » vous avez dû payer en même monnaie 450,000 fr. de » dettes, vous me devez donc la différence, 81,000 assi- » gnats , qui doivent être réduits en argent d'après le cours.

Le dernier gouvernement ne mérite donc pas le reproche (qui n'en serait peut-être pas un) d'avoir été trop loyal dans la conception , pas plus que dans l'exécution de la loi d'indemnité à l'égard des indemnitaires et de leurs créanciers (dont les intérêts ne devraient pas être oubliés). Le grand nombre d'affaires d'indemnité arriérées prouve que l'exécution de la loi n'a pas été bien précipitée, et que le gouvernement enfin, loin d'être taxé de faiblesse (généralement parlant) envers les indemnitaires, a été toujours assez et souvent beaucoup trop rigoureux à leur égard.

Quelque soit le sort du projet de loi présenté par M. le ministre des finances, nous avons cru devoir démontrer par des faits et des exemples que les conséquences de son adoption seront funestes aux indemnisés de la seconde catégorie et à leurs créanciers, *comme aux tiers qui ont acheté leurs indemnités et leurs droits, sur la foi d'une loi existante à l'époque de la charte de 1830 et rectifiée par les articles*

57 et 61, si 900 millions ne suffisent pas pour payer tous les biens confisqués et vendus, 18 fois le revenu de 1790, sans distinction de catégorie, et si les indemnitaires de la première catégorie ne supportent pas proportionnellement leur contingent de la perte des 100 millions que l'état veut faire tourner à son profit.

Ce n'est pas le faible et bien minime intérêt personnel que nous avons au fonds commun, qui nous fait désirer le rejet du projet de loi, mais la conviction intime que ce projet qui paraît populaire, dirigé contre une certaine classe d'hommes qui furent proscrits et malheureux (eh! qui peut se flatter de ne l'être jamais, s'il ne l'a jamais été?) atteindra par contre coup beaucoup de familles des classes laborieuses et industrielles, aussi intéressées au rejet du projet de loi que les indemnitaires de la seconde catégorie ; c'est la conviction que le peuple qu'on croit soulager, souffrira beaucoup de l'adoption du projet de loi, puisque c'est dans ses rangs que se trouvent généralement les créanciers des indemnitaires ayant droit au fonds commun ; c'est enfin la conviction que toutes les distinctions faites pour justifier le projet, sont inconciliables avec l'amendement proposé en 1825 par le général Foy, et contraires, ce nous semble, aux articles 57 et 61 de la nouvelle charte.

Si nous nous trompons sur les effets de ce projet de loi, c'est une erreur involontaire, qui doit trouver son excuse dans les rapprochemens que nous avons faits, et dont il résulte entre des indemnisés égaux en droits, des *inégalités* que personne ne saurait approuver.

La justice et l'exécution franche et consciencieuse des lois ont toujours été et seront toujours, sinon les seuls, du moins les principaux appuis du trône. Les mesures *ultra*-révolutionnaires qui frappèrent les indemnitaires ou leurs auteurs, sont depuis long-temps désavouées par la raison publique

***

et par les deux chartes proclamant l'une et l'autre : « La
» confiscation est abolie et ne pourra plus être rétablie ».
Le milliard est la conséquence nécessaire de cette grande et
belle maxime : l'indemnité des ravages exercés par le fléau
(car c'en est un bien grand) de la confiscation, une répa-
ration du dommage éprouvé par les émigrés, les déportés
et les condamnés dans des temps qui ne sont pas éloignés
de nous ; l'indemnité est enfin un voile jeté sur le passé et
une garantie que ce passé ne reviendra plus. En révolution
on ne s'arrête pas toujours où l'on devrait, où l'on voudrait
s'arrêter : le torrent entraîne malgré les meilleures intentions ;
on est amené à prendre des mesures qu'on ne tarde pas à
condamner ; de là les excès de la première révolution, excès
que les factions imputent les unes aux autres. Les meilleurs
amis de la première révolution et de la vraie liberté firent
tout ce qui dépendait d'eux pour qu'elle ne dépassât pas
son but. Ce fut sans succès. La révolution de 1830 improu-
vant les excès de la première, approuve donc implicitement
et même explicitement l'exécution complette de la loi d'indemnité. Les lois de colère et les actes dictés par la préven-
tion sont d'une extrême fragilité et d'une durée éphémère ;
l'injustice qui y domine toujours apparaît avec le temps
dans toute *sa laideur*. En voici un exemple : lorsque Bona-
parte revint en 1815, il se rappela que les Français n'a-
vaient pas oublié la constitution du consulat ; il fit donc
semblant de devenir libéral, et bientôt parut le fameux acte
additionnel qui fut, si on en croit le *Moniteur* de ce temps-
là, approuvé par la majorité de la nation. L'article 67
proscrivait cependant en masse tous les Bourbons, la branche aînée comme la branche cadette. Quinze ans plus tard,
on fit justice de cette proscription qui frappait le duc d'Or-
léans avec toute sa famille. Elle fut désavouée, reconnue
inique et tyrannique, puisqu'en 1830, celui qui en était

l'objet fut déclaré le plus digne de régner sur la nation française.

Le roi citoyen est donc aussi un illustre proscrit; il a connu l'adversité de bonne heure; et c'est à l'école de l'adversité qu'on apprend à compatir aux malheurs d'autrui.

Ah! sans doute beaucoup de familles de toutes les classes, de toutes les conditions ont éprouvé de grandes pertes pendant la première révolution; mais on ne peut nier non plus que beaucoup d'autres familles s'en sont assez bien trouvées et n'ont pas droit de se plaindre ni de la révolution, ni des victimes de cette révolution. On doit encore avoir assez de bonne foi pour convenir que les émigrés, les condamnés et les déportés, frappés dans leurs personnes, leurs familles et leurs biens meubles et immeubles, ont été les plus maltraités; et qu'à une plaie aussi profonde, le moindre appareil chez une nation la plus civilisée du monde, brave, loyale, magnanime, généreuse et compatissante, était une *indemnité* pour les biens-fonds vendus, également répartie entre tous les ayant droit. Certes, ce n'est pas là spolier le trésor de l'état; c'est au contraire, du moins selon notre manière de voir, mettre en action un grand principe de morale et d'éternelle justice, et déclarer que ce principe n'est ni une chimère, ni une abstraction.

Saint-Brieuc, le 29 *Décembre* 1830.

Note *relative à M.* de Malesherbes *dont il est parlé à la page* 6.

Etait-il l'ennemi de la liberté et du peuple, celui qui s'opposait avec vigueur à la création de l'impôt excessif, à l'établissement des tribunaux d'exception, celui qui disait au Roi, à propos des lettres de cachets: « Personne ne peut se flatter d'être assez grand pour braver le ressentiment » d'un ministre, et personne n'est assez petit pour échapper à celui d'un » commis; » celui qui, à son avénement au ministère, tua l'arbitraire et jeta le fondement de la philantropie moderne en améliorant le sort des prisonniers. C'est à un si grand homme qu'on devrait élever des statues ?